Música
CLÁSICA
para toda ocasión

Pensamientos

Pensamientos

*E*l ritmo de la vida moderna puede llegar a ser agotador. Por eso es importante encontrar tiempo para la calma y la reflexión. La música clásica puede ser de gran valor para satisfacer tales deseos. Este libro presenta, entre otros, a Bach, Schubert, Schumann, Tchaikovsky, Verdi, Mahler y Fauré. Su música para orquesta, piano o voces proporciona relajación mental y deleite de espíritu. Nos ayuda, además, a viajar al fondo de nuestros pensamientos.

GUÍA DEL OYENTE – SIGNIFICADO DE LOS SÍMBOLOS

LOS COMPOSITORES
Sus vidas... sus amores...
su legado...

LA MÚSICA
Explicación... análisis...
interpretación...

LA INSPIRACIÓN
Cómo se escribieron las
obras maestras

EL TRASFONDO
Gente, lugares y sucesos
vinculados a la música

Contenido

JOHANN SEBASTIAN BACH *1685–1750*

Suite No.3 en Re mayor

BWV 1068: SEGUNDO MOVIMIENTO (AIRE)

Desde la primera nota de los violines, esta pieza estimula la contemplación. Con la progresiva y majestuosa incorporación de las cuerdas bajas, la melodía se abre a una línea expansiva hasta alcanzar el compás final, sin abandonar el constante ritmo pausado. Con una música de belleza tan serena e incomparable, los asuntos de la vida diaria se desvanecen, dejando un respiro para el alma y el espíritu.

ORIGEN DEL TÍTULO

Esta preciosa pieza se conoce como "Aire en fa", aunque Bach no la compuso originalmente en tal nota. La escribió, tal como la oímos aquí, como un movimiento de su orquestal *Suite No.3*. Fue hasta más de un siglo después que otro alemán, el violinista August Wilhelmj, adaptó la pieza para piano y violín en fa porque creía que así sonaba mejor. De ahí proviene su popular título.

EL SIGNIFICADO DE SUITE

Suite significa "continuación", en el sentido de una sucesión de piezas individuales o movimientos. En el tipo de *suites* que Bach compuso, estos movimientos se basaban a menudo en antiguos bailes de corte, como la gavota, la giga y el minué. Dichas *suites* del barroco tardío (o sea, el período de Bach) abrieron el camino para las sonatas y las sinfonías del posterior período clásico vienés (de 1750 a 1800, aproximadamente). En cuanto al concepto de "música clásica", los expertos restringen el término a la música de finales del siglo XVIII, aunque para el público no especializado ha pasado a referirse a toda música de concierto.

MÚSICA DE SOCIEDAD

Bach escribió cuatro *suites* orquestales. La *Suite No.3* fue compuesta poco después de tomar el cargo, en 1723, de Cantor o Director musical de la escuela eclesial de Santo Tomás en Leipzig. Probablemente la escribió para un concierto de *collegium musicum*. Este nombre en latín se usaba para describir asociaciones musicales, las cuales a menudo organizaban conciertos en la casa de algún rico patrón, o a veces en cafés de moda que florecían por doquier en tiempos de Bach.

NOTA CURIOSA

El violín tiene cuatro cuerdas, afinadas normalmente a sol, re, la y mi, pero se pueden afinar de manera diferente, bien tensándolas para subir la nota, bien aflojándolas para bajarla.

FRANZ SCHUBERT *1797–1828*

Quinteto de piano en La mayor

D667, LA TRUCHA: SEGUNDO MOVIMIENTO

Se puede estar en un estado de ánimo relajado y reflexivo sin dejarse arrastrar hacia una ilusión. Esta encantadora pieza, calificada como *andante* ("a un paso constante"), tiene un tono soleado y brillante, e incluso bastante animado en su sección media, especialmente en la parte de piano. Al mismo tiempo, su espíritu bondadoso refleja una mente libre de atención o ansiedad, capaz de mirar al mundo con tranquilidad y amabilidad.

VIDA CORTA, PRODUCCIÓN EXTENSA

Al igual que Ludwig Köchel catalogó las composiciones de Mozart (los números K), otro estudioso austríaco, el Dr. Otto Deutsch, creó un catálogo de todas las obras de Schubert. Así, cada composición de Schubert tiene su número D. Hay más de 900 trabajos catalogados, desde canciones a sinfonías. Ello constituye una enorme producción para un compositor que murió a la trágica y temprana edad de 31 años.

¿POR QUÉ "TRUCHA"?

Este movimiento no tiene nada que ver ni con peces ni con agua. El cuarto movimiento, al contrario, se basa en la tonada de una canción de Schubert llamada "La trucha". Así pues, el quinteto en su conjunto ha pasado a conocerse con tal nombre. Piezas como "La trucha" solían estrenarse en alegres reuniones de amigos de Schubert. Estas reuniones lo hicieron muy popular, aunque no le produjeron mucho dinero.

Schubert deleitaba a sus numerosos amigos con reuniones informales en las tardes, durante las cuales se estrenaron varias de sus famosas canciones.

RELACIÓN POCO USUAL

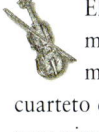

El quinteto de piano era un tipo de composición de música de cámara popular en el siglo XIX. En la mayoría de los casos, la alineación instrumental es un cuarteto de cuerdas (dos violines, una viola y un violoncelo) y un piano. "La trucha" es distinta. Se escribió para violín, viola, violoncelo, contrabajo y piano. El bajo da a la música un sonido generalmente más oscuro y rico.

NOTA CURIOSA

El Cuarteto en Re menor (D810) *se conoce como cuarteto de* La muerte y la doncella *porque, al igual que el quinteto* "La trucha", *uno de sus movimientos está basado en una canción de Schubert del mismo nombre.*

PYOTR TCHAIKOVSKY *1840–1893*

Concierto para piano No. 1 en Si bemol menor

OPUS 23: SEGUNDO MOVIMIENTO

Flauta, oboe, clarinetes, trompas y violoncelo avanzan de uno por uno para compartir escena con el solo de piano en este movimiento, el más delicado y encantador del concierto. La sección media, mucho más rápida, está basada en la tonada de una vieja canción popular francesa y parece ir y venir como un episodio de un feliz sueño. Pero su carácter ligero y mercurial apenas altera el tono dominante de tierna reflexión del movimiento.

Con dinámicos movimientos por ambos lados, el segundo movimiento semeja un lago inmóvil.

PULSANDO LAS CUERDAS

El solo de flauta de la obertura de este movimiento del *Primer concierto para piano* va acompañado de un *pizzicato* de los instrumentos de cuerda. La palabra italiana *pizzicato* ("pellizco") indica a los músicos que deben pulsar las cuerdas de sus instrumentos con los dedos, en vez de usar el arco, y usar una sordina (*con sordini*), pequeña grapa colocada por encima de las cuerdas, para amortiguar su sonido.

Choque de opiniones

La gran obertura del *Primer concierto para piano* de Tchaikovsky, con su gran tema orquestal y sus abruptos acordes de piano, lo hace el más famosos de los conciertos. Pero Nicolai Rubinstein, colega de Tchaikovsky en el Conservatorio de Moscú, creía que la obertura era sólo un terrible ruido cuando el compositor la tocó para él por primera vez. Rubinstein, uno de los mejores pianistas de su época, se negó a estrenar la obra de Tchaikovsky. Tal honor recayó en el pianista alemán Hans von Bülow. Estrenó el concierto no en Rusia, sino en Boston, el 25 de octubre de 1875.

Nicolai Rubinstein (izquierda) rehusó estrenar el concierto. Hans von Bülow (caricatura, derecha) demostró ser un buen sustituto.

Rechazo tras rechazo

Tras sus diferencias con Rubinstein sobre el *Primer concierto para piano*, Tchaikovsky debió haber pensado: "¡Otra vez!" con su *Concierto para violín*. Dedicó esta obra al violinista húngaro Leopold Auer, profesor del Conservatorio de San Petesburgo, en Rusia. Pero Auer consideraba aquella música imposible de interpretar y rehusó tocarla. La primera presentación estuvo a cargo del violinista ruso Adolf Brodsky, esta vez en Viena.

NOTA CURIOSA

El Concierto para piano No.2 en Sol mayor, Opus 44 *también contiene música fogosa y vibrante, pero nunca alcanzó la popularidad y fama del primero.*

CAMILLE SAINT-SAËNS *1835–1921*

Carnaval de los animales

EL CISNE

El dulce y noble sonido del violoncelo y la gracia y elegancia del cisne forman una pareja ideal. Con una de las más encantadoras melodías de violoncelo y un ondulado acompañamiento de piano, se dibuja perfectamente la figura de un cisne deslizándose serenamente en un calmado río o en un lago solitario. También aquí los reflejos en el agua representan las calmadas reflexiones de la mente.

DELEITE PERSONAL

El compositor francés Saint-Saëns describió el *Carnaval de los animales* como una "grandiosa fantasía zoológica". El cisne goza de la compañía de un burro, una tortuga, un elefante, peces en un acuario, gallinas y gallos y un cuco. Hay incluso algunos fósiles. Saint-Saëns escribió esta obra más que todo para deleite personal, y prohibió que se publicara durante su vida, por miedo a dañar su reputación de compositor serio. La única excepción a esta prohibición fue "El cisne".

NOTA CURIOSA

Otra de las populares piezas de Camille Saint-Saëns es el cautivador "Vals de la tarta nupcial" para piano y orquesta.

AARON COPLAND *1900–1990*

Primavera apalache

PRELUDIO

La luz tenue y velada del amanecer invita una dulce contemplación. Con este tono se abre el ballet *Primavera apalache*. Susurrantes acordes de cuerdas, con calmadas llamadas de clarinetes y flautas, trompetas y trompas, invocan a la luz de un nuevo día mientras penetran en los bosques de valles y laderas de las Montañas Apalaches. Los personajes aparecen dispuestos a empezar un nuevo día.

LOS DÍAS DE LA COLONIZACIÓN

Copland tomó el título *Primavera apalache* de un poema de Hart Crane. La trama, sin embargo, fue idea de la célebre bailarina y coreógrafa Martha Graham. Presenta la sencilla pero conmovedora historia de un joven granjero y su futura esposa que inspeccionan su nueva granja en Pennsylvania y conocen a los vecinos. Crea una bonita imagen de los días de la colonización de Estados Unidos. Otros dos ballets de Copland, *Billy the Kid* y *Rodeo*, se inspiraron en el Oeste.

NOTA CURIOSA

Copland ganó muchos premios, entre ellos el premio Pulitzer de música en 1944, año en que compuso su Primavera apalache.

GUSTAV MAHLER *1860–1911*

Sinfonía No.5 en Do sostenido menor

CUARTO MOVIMIENTO (ADAGIETTO)

En 1901, a los 41 años, Mahler conoció a la joven y atractiva estudiante de música Alma Schindler, y al año siguiente se casaron. Por entonces estaba trabajando en su *Quinta sinfonía*, y este movimiento *adagietto* se puede interpretar como su declaración de amor por su esposa. Escrita sólo para cuerdas y arpa, es una de las melodías más dulces del compositor. La música parece avanzar como una serie de profundas respiraciones, elevándose hasta un anheloso suspiro, antes de desvanecerse de nuevo al final. Éste es un interludio profundamente reflexivo en una dramática y tormentosa sinfonía que simplemente estalla con la alegría de la vida.

COMPÁS LENTO

La palabra italiana *adagietto* describe música que se debe tocar a un compás lento. *Adagietto*, o "pequeño *adagio*", indica un compás no tan lento como en el verdadero *adagio*. El término *adagietto* puede describir también una pieza de música que es relativamente lenta y breve. En este movimiento sinfónico tiene ambos significados.

MUERTE EN VENECIA

 Esta cautivadora música se utilizó con un efecto memorable en la película *Muerte en Venecia*, sobre un compositor condenado a morir de cólera. En la novela original del escritor alemán Thomas Mann, el personaje principal es otro escritor, no un compositor. Sin embargo, Mann dio a su creación ficticia la apariencia de Mahler y el nombre de Gustav.

Muerte en Venecia *creó una indeleble asociación entre la música de Mahler y esa ciudad.*

ALEGRÍA Y DOLOR

 Mahler debía pensar que le había pasado el tiempo de formar una familia cuando conoció y se casó con Alma. Seguramente radiaba de alegría cuando le dio dos hijos. Pero la tragedia llegó pronto. El hijo mayor murió de difteria. Después, a Mahler le fue diagnosticada una enfermedad cardíaca incurable. Su inflexible ritmo de trabajo sin duda aceleró su muerte a los 51 años. Alma se casó más tarde con el afamado arquitecto alemán Walter Gropius.

INNOVADOR MUSICAL

Las enormes y complejas sinfonías de Mahler son hoy populares en todo el mundo. En vida, sin embargo, era más conocido como director. Como director de la Ópera de la Corte de Viena, lo revolucionó todo: el tocar de la orquesta, el canto y la actuación del reparto y el diseño de los vestidos y la escenografía. De Viena, Mahler se trasladó a Nueva York para dirigir la Metropolitan Opera y la Orquesta Filarmónica de Nueva York. La imagen del director como figura altamente respetada y célebre empezó con él.

Mahler fue aclamado como gran director en Estados Unidos y en Europa.

TRATA DE HUIR DEL DESTINO

Se dice que Mahler temía escribir una novena sinfonía porque Beethoven, Schubert, Bruckner y Dvořák no habían pasado del fatídico número. Como prevención, Mahler convirtió lo que tenía que ser su novena sinfonía en un ciclo de canciones orquestales, *La canción de la tierra*. Entonces continuó componiendo su *Sinfonía No.9*, y murió poco después mientras componía la décima.

NOTA CURIOSA

Mahler no escribió La quinta sinfonía en forma secuencial. Empezó con el tercer movimiento, luego añadió los dos primeros y, finalmente, el cuarto y el quinto.

JOSEPH HAYDN *1732–1809*

Concierto para trompeta en Mi bemol

SEGUNDO MOVIMIENTO

aydn escribió este concierto en 1796, recién llegado a Viena tras dos visitas triunfantes a Inglaterra. Con 64 años, era el compositor vivo más venerado. Al escribir este reposado movimiento Haydn quizás contempló satisfecho su vida, que había sido, por lo general, feliz e ilustre. La trompeta, que tiende a producir un sonido penetrante e imperioso, aquí adopta un tono cálido y suave.

NOTA CURIOSA

Haydn compuso uno de los conciertos para trompeta más famosos del período clásico. El otro fue escrito Johann Hummel.

UN NUEVO INSTRUMENTO

En comparación con el piano o el violín, hay muy pocos conciertos para la trompeta. Haydn escribió éste para el trompetista de la corte de Viena, Anton Weidinger, que había creado recientemente un instrumento con teclas. Las antiguas trompetas "naturales", de un solo largo tubo, sólo podían tocar un cierto número de notas. Las trompetas de pistones sustituyeron a las de teclas.

WOLFGANG AMADEUS MOZART *1756–1791*

Las bodas de Fígaro

K492, ARIA ("PORGI AMOR")

Asistimos a la obertura del Acto II de la ópera con esta bonita y sentimental aria cantada por la Condesa Almaviva. Su marido, el Conde, es un donjuán que tiene los ojos puestos en Susanna, la doncella de su mujer. Tristemente, la Condesa recuerda el amor que el Conde sintió una vez por ella. "Porgi amor..." ("Oh, amor, alíviame") canta, con una de las más sencillas y sinceras melodías de Mozart, pidiendo al espíritu del amor que le devuelva el cariño de su marido. *Las bodas de Fígaro* es un pasaje de exquisita ternura.

EL TRÍO MAGNÍFICO

Tras el gran éxito de *Las bodas de Fígaro* en 1786, Mozart y su brillante libretista, Lorenzo da Ponte, escribieron dos óperas más juntos. El año siguiente escribieron *Don Giovanni*, basada en la vida del legendario Don Juan, y en 1790, *Cosi fan tutte*, un título algo cínico sobre el amor romántico, que significa: "¡Todas las mujeres son iguales!"

Las bodas de Fígaro, *obra de Beaumarchais, fue una de las chispas que encendieron la revolución francesa.*

LA ÓPERA Y LA REVOLUCIÓN

Las bodas de Fígaro está en la línea de la *opera buffa* italiana, o sea ópera cómica. Pero es mucho más que comedia. El libretista de Mozart, Lorenzo da Ponte, basó su trama en una obra del dramaturgo francés Pierre Beaumarchais, que atacaba la aristocracia e influenciaba críticamente a la opinión pública mientras Francia avanzaba hacia la revolución. La ópera se pone de parte del sirviente, Fígaro, contra su señor, el Conde Almaviva. Fígaro declara: "¡Un día, el Conde bailará al son de mi música!"

NACE EL CLARINETE

El acompañamiento orquestal del aria de la Condesa Almaviva contiene destacadas partes para clarinetes. El clarinete era un instrumento relativamente nuevo en tiempos de Mozart, y él fue el primer gran compositor que escribió extensamente para tal instrumento. Las interpretaciones de Anton Stadler, músico de la corte de Viena, ayudaron a su inspiración. En realidad, el tipo de clarinete que Stadler solía tocar era el llamado clarinete tenor fa, que producía notas más profundas que el clarinete moderno. A Mozart le encantaba su sonido.

Clarinete tenor fa del siglo XVIII

NOTA CURIOSA

Treinta años después de que Mozart y da Ponte escribieran Las bodas de Fígaro, Rossini *compuso su cómica obra maestra,* El barbero de Sevilla, *con los mismos personajes que la ópera de Mozart, incluyendo a Fígaro (el barbero) y al Conde Almaviva, pero en una etapa anterior de sus vidas.*

ERIK SATIE *1866–1925 (Orquestado por Claude Debussy)*

Gymnopédie No.3

El título francés *Gymnopédie* hace referencia a los coros y bailes que se representaban en la antigua Grecia en honor de Apolo, el dios sol que también inspiraba la música y la poesía. Los lentos e hipnóticos ritmo y sonido de esta pieza captan el tono solemne y misterioso de dichos bailes rituales. Esta música también nos invita a retrotraer nuestras mentes a un tiempo y un lugar extrañamente diferentes de los nuestros.

LÍDER DE LA REVOLUCIÓN

Satie lideró una revolución contra la fuerte influencia de Wagner y otros compositores alemanes en los músicos franceses a comienzos del siglo XX. Su lema era: "¡Música sin sauerkraut!" Para escaparse de esta "seriedad teutónica", escribió piezas musicales con nombres tan absurdos como *Trozos en forma de pera* y *Preludios débiles para un perro*. También escribió música para un ballet, *Parade*, con decorados y vestuario diseñados por Pablo Picasso.

Un crítico describió la obra como "surreal", acuñando así el término "surrealista" para referirse a una creación artística que se adentra en el mundo de los sueños y del subconsciente.

La música de Satie para Parade *se adaptó a la última moda en música popular, el sincopado* ragtime.

UN HOMBRE COMO POCOS

Satie era muy excéntrico y totalmente contrario al sistema. En un momento de su vida, fue miembro de los misteriosos rosacruces, un grupo espiritual que experimentaba con magia blanca y alquimia. Incluso llegó a escribir extraña música para sus ceremonias. Después fundó su propia iglesia, ¡y excomunicaba a quien discrepara con él!

NOTA CURIOSA

Satie escribió Gymnopédie No.3 sólo para piano. Su amigo Claude Debussy la consideró una gran obra y se ofreció para orquestarla. Ésta es la versión que se ha hecho popular.

ROBERT SCHUMANN *1810–1856*

Escenas de la niñez

ENSUEÑO

*A*dultos y jóvenes pueden compartir el tono de relajada y feliz ilusión que crea esta encantadora composición. Si existe un momento de duda o ansiedad en medio de la sección, pasa rápidamente, y la música se dirige a una susurrante y arrobado final, quedándose tiernamente en la mente del escucha hasta mucho después de que el último acorde se haya desvanecido.

CON LOS OJOS DE UN NIÑO

Con sus piezas para piano llamadas *Escenas de la niñez*, Robert Schumann fue uno de los primeros compositores en utilizar la infancia como tema musical. Ésta es música escrita por un adulto sobre la infancia, no música escrita exclusivamente para niños. Otros compositores, entre ellos Mussorgsky con su ciclo de canciones *La guardería*, y Debussy con su *Suite del rincón de los niños*, siguieron a Schumann en este fascinante camino musical.

GIUSEPPE VERDI *1813–1901*

Nabucco

CORO DE ESCLAVOS HEBREOS
("VA, PENSIERO")

abucco es el nombre italiano de Nabucodonosor, el rey de la antigua Babilonia, quien, como narra el Antiguo Testamento, conquistó Judea y esclavizó a los Hijos de Israel. En esta ópera de Verdi, los esclavos hebreos se reúnen en la orilla del río Éufrates para lamentarse de su triste destino. "Va, pensiero" significa "vuela, pensamiento" y, a medida que las voces se elevan por encima de la orquesta, los esclavos recuerdan con ternura los salmos que cantaban en su querido Israel natal y encuentran esperanza en su liberación final.

TODA UNA SENSACIÓN

Nabucco causó sensación cuando se estrenó en Milán en 1842. Los italianos veían reflejada en la opresión de los israelitas su situación bajo los austríacos. En el funeral de Verdi en 1901, una enorme multitud estalló con la canción que pasó a simbolizar la libertad italiana: "Va, pensiero".

NOTA CURIOSA

En el estreno de Nabucco, Verdi, que acababa de perder a su mujer y a su hijo, conoció a la cantante Giuseppina Strepponi, que se convirtió en su segunda esposa.

JOHANNES BRAHMS *1833–1897*

Concierto

para violín en

Do mayor

OPUS 77: SEGUNDO MOVIMIENTO

Brahms introduce el bonito tema principal de este movimiento con los instrumentos de viento de la orquesta (trompas, fagots, clarinetes, oboes y flautas), haciéndolos sonar tan sutiles y seductores como el mismo violín. Cuando el solo de violín añade su propia voz expresiva, la música se vuelve tan radiante como un cielo calmado y despejado.

UNA COMPOSICIÓN SINGULAR

Cuando Beethoven escribió su único concierto para violín, estableció un precedente para muchos otros grandes compositores que le siguieron. Brahms, Tchaikovsky, Dvořák, Sibelius y Elgar escribieron un solo concierto para violín. Quizás pensaron que si a Beethoven le bastó un solo trabajo, también les bastaría a ellos.

La conexión húngara

El violinista Joseph Joachim y un alumno suyo, Eduard Remenyi, fueron los primeros en despertar el interés del serio Brahms en la música popular de su tierra natal. Sus propias composiciones estaban a menudo imbuidas de la animada música gitana. A Joachim y Remenyi les debemos gratitud por la obra de Brahms, *Danzas húngaras*, así como por el fogoso último movimiento de este concierto para violín.

Joseph Joachim (derecha) *despertó el interés de su amigo Brahms en los ritmos de la música popular húngara.*

Amistad virtuosa

Brahms escribió su concierto para violín en colaboración con su eterno amigo, el virtuoso Joseph Joachim. Le pidió que corrigiera los pasajes poco logrados e imprácticos de la parte de solo. Joachim también escribió una espléndida *cadenza* (una sección de la partitura en un concierto reservada sólo para el solista) para el primer gran movimiento. Y fue Joachim quien estrenó la obra en Leipzig, Alemania, el 1 de enero de 1879.

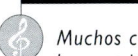

NOTA CURIOSA

Muchos compositores han escrito uno o más conciertos para violín. Otros han escrito conciertos para el violoncelo. Brahms fue más allá. Compuso un espléndido concierto doble para violín y violoncelo. El compositor inglés Frederick Delius comparte esta distinción con Brahms.

GEORGE FRIDERIC HANDEL
1685–1759

Serse

LARGO

*L*argo es la palabra italiana para designar una pieza de música tocada a ritmo dignificado. El encantador "Largo" de Handel es, en realidad, una adaptación instrumental de un aria de su ópera *Serse* (o *Xerxes*). El rey del título de la obra se enamora de la prometida de su hermano y siente el peso de su culpabilidad. En esta aria, encuentra paz momentánea a la sombra de un árbol. La melodía sugiere perfectamente un refugio del calor ardiente del sol que tranquiliza al espíritu inquieto.

ÓPERA SERIA

Las óperas que escribió Handel se denominan *opera seria*. Estaban basadas en varios cuentos antiguos. Las historias eran casi siempre sobre la lucha del héroe o heroína entre el amor y el deber. La *opera seria* estaba llena de estrictas reglas sobre qué tipo de voces debían cantar cada papel y cuántas arias debía tener cada cantante. A pesar de dichas restricciones, Handel mantuvo sus óperas frescas y vivas con música tan gloriosa como su "Largo".

DE LA ÓPERA AL ORATORIO

Aunque Handel no era compositor de música religiosa, su oratorio, *Mesías*, es una de las obras más populares del mundo. Nacido en Alemania, se trasladó a Londres e hizo fortuna escribiendo óperas para el teatro comercial. Cuando su tipo de ópera empezó a pasar de moda, se dedicó a escribir oratorios, parecidos en estilo a las óperas, pero sin escenificar, y normalmente basados en una historia de la Biblia. Estos resultaron muy lucrativos.

Derecha: *Una producción moderna del Julio César de Handel, con la contralto Dame Janet en el papel de César.*

UN HOMBRE DE SU ÉPOCA

El mundo de la ópera en el Londres durante el siglo XVIII era implacable. En un día se podían ganar o perder fortunas, pero Handel sabía cuidar sus intereses. En cierta ocasión, una "prima donna" en la vida real insistió en cantar un aria a su manera, no según las instrucciones de Handel. Entonces él la cogió y la zarandeó por el exterior de una ventana de un piso elevado, gritando que, si ella era un demonio, ¡él era el mismo Satanás!

NOTA CURIOSA

En una moderna producción de Serse, el papel del héroe es interpretado por una contralto. En la época de Handel, dicho papel lo habría interpretado un castrato, un hombre castrado antes de la pubertad, que conservaba su alta voz juvenil. Los castrati eran los cantantes estrella de su tiempo y exigían altísimos honorarios.

GABRIEL FAURÉ
1845-1924

OPUS 48: SANCTUS

Después de una breve susurrante introducción de violas, órgano y arpa, entran las voces. Primero vienen las sopranos, luego los tenores y bajos, entonando la palabra *sanctus* en una misma suave frase. Después trompas y trompeta refuerzan las palabras del coro, antes de que el movimiento se desvanezca. Es fácil dejarse llevar por el tono de calma espiritual y alegría que invade esta música sublime.

VARIAS REVISIONES

Para ser una obra de tanta tranquilidad, el *Réquiem* de Fauré tuvo un accidentado nacimiento. El compositor escribió la primera parte en 1877 y completó la primera versión en 1888, conmovido por la muerte de sus padres. Hizo varias revisiones antes de la publicación de la versión final en 1901.

COMPOSITOR Y ORGANISTA

Fauré siguió una larga y honorable tradición entre los compositores franceses: ejercer de organista en una de las grandes iglesias de París. En su caso, trabajó en la prestigiosa y muy de moda iglesia de la Madeleine, donde el compositor Saint-Saëns había sido organista antes que él. Irónicamente, Fauré no era un hombre particularmente religioso. Prefería escribir canciones y música para piano, lo que hace mucho más admirable su precioso *Réquiem*.

Fauré (arriba) *disfrutó de una distinguida carrera de compositor y de organista en la magnífica iglesia de la Madeleine* (derecha).

DESCANSO ETERNO

El término latín *requiem aeternam* significa "descanso eterno", y la *Misa de réquiem* católica se dice o canta en memoria de los muertos. Muchos compositores, entre ellos Palestrina, Mozart, Berlioz y Verdi, le han compuesto música al texto de la misa o partes del mismo. La sección más dramática es "Dies irae" ("Días de ira"), con el pavoroso sonido del *tuba mirum*, la última trompeta, reprobando a los muertos. Significativamente, Fauré omite el "Dies irae", y para muchos, ésta es la más encantadora y apaciguadora de las interpretaciones del *Réquiem*.

NOTA CURIOSA

En sus últimos años, Fauré perdió paulatinamente el oído, y por ello dejó su cargo de Director del Conservatorio de París. Sin embargo, logró mantener su sordera en secreto hasta el día de su muerte, excepto con sus más íntimos amigos.

Créditos y

reconocimientos

CRÉDITOS FOTOGRÁFICOS

Cubierta/Título y página del contenido /IBC: Images Colour Library

AKG: 12 (sd), 21 (c), 23 (c); AKG/E. Lessing: 5 (sd), 10; C. Barda/PAL: 23 (sd); Bridgeman Art Library/Private Collection 2 (sd); Museo Correr, Venecia/Giraudon 3 (cd); Roy Miles Gallery, Londres 6-7; Agnew and Sons, Londres 14; Royal Holloway y Bedford New College, Londres 18 (si); Christie's, Londres 19 (d); Iglesia de San Pedro y San Pablo, Cattistock 24; J. L. Charmet: 25 (inf); Imágenes de Christie's; 9 (si); Bruce Coleman/Pott: 13; E. T. Archive: 15 (si), (ci); Mary Evans Picture Library: 17 (c), 21;

Hulton Deutsch Collection: 7 (d); 25 (ci); Images Colour Library: 11 (sd); Lebrecht Collection: 7 (ci), 11 (id), 12 (ci); Colección privada: 17 (sd); Sotheby's Transparency Library: 3 (si), 16; Tate Gallery London: 22; Tony Stone Images/R. Talbot: 4; P. Ingrand 8; ZEFA/Eckstein: 20.

Ilustraciones y símbolos: John See